Sven Feldkord

Scheduling: Theorie und Praxis am Linux Kernel 2.6

Sven Feldkord

Scheduling: Theorie und Praxis am Linux Kernel 2.6

GRIN Verlag

Bibliografische Information der Deutschen Nationalbibliothek: Die Deutsche Bibliothek verzeichnet diese Publikation in der Deutschen Nationalbibliografie; detaillierte bibliografische Daten sind im Internet über http://dnb.d-nb.de/ abrufbar.

1. Auflage 2010
Copyright © 2010 GRIN Verlag
http://www.grin.com/
Druck und Bindung: Books on Demand GmbH, Norderstedt Germany
ISBN 978-3-640-88209-0

Scheduling

Theorie und Praxis
am Linux-Kernel 2.6

Facharbeit im Fach Informatik

von Sven Feldkord

2009/2010

Inhaltsverzeichnis

Vorwort

In der heutigen Zeit ist es für Computer unabdingbar, mehrere Aufgaben gleichzeitig zu bearbeiten. Die CPU (Central Processing Unit) verarbeitet nacheinander Instruktionen und bearbeitet somit diese Aufgaben. Hierbei ist insbesondere das „nacheinander" zu betonen, da eine einzelne CPU nicht mehrere Instruktionen gleichzeitig ausführen kann und lediglich durch einen schnellen Wechsel zwischen den Aufgaben (Prozessen) Parallelität vorgaukelt. Diese Wechsel werden durch ein Verwaltungssystem organisiert, welche die Laufzeit aufteilt, sodass sich verschiedene Aufgaben bei der Nutzung der CPU abwechseln. Dieses System ist, wie sämtliche die Hardware betreffende Verwaltungsaufgaben, ein Teil des Kernels und wird Scheduler genannt.

Diese Facharbeit wird verschiedene Scheduling-Algorithmen und die Implementation des Linux-Kernels 2.6 erläutern. Zur Vereinfachung beziehen sich sämtliche Modelle auf Einprozessorsysteme, sofern nicht explizit auf die Verwendung des Modells bei Mehrprozessorsystemen hingewiesen wird.

Kapitel 1: Einleitung in Kernel und Scheduler

Zuerst ist es wichtig zu klären, was genau eigentlich der Kernel ist, wie dieser mit dem Scheduler zusammenhängt und welche Funktionalität geboten ist.

In erster Linie ist der Kernel als Teil des Betriebssystems und Abstraktionslevel der Hardware zu sehen. Somit stellt der Kernel die Schnittstelle zwischen einem Nutzer, der mit dem Betriebssystem agiert (und dabei bereitgestellte Funktionen des Kernels aufruft) und der Hardware, welche die Instruktionen ausführt bzw. die Aufgaben bearbeitet, dar.

Dazu gehört die Verwaltung von Festplattenspeicher, Arbeitsspeicher, Grafikspeicher, die Kommunikation mit Eingabegeräten (z.b. Tastaturen) und eben auch der CPU. Der Scheduler ist für die Verwaltung der zur Verfügung stehenden CPU-Zeit zuständig, genauer gesagt bestimmt er, wann welcher Prozess die CPU nutzen darf, und organisiert die bestehenden Prozesse in doppelt verketteten Listen (siehe Abb. 1.1).

Desweiteren wird durch den Kernel zwischen zwei Privileg-Stufen unterschieden:

- User-Mode
- Kernel-Mode

Anweisungen, die im User-Mode ausgeführt werden, sind nicht befugt, direkt auf die Hardware zuzugreifen oder Teile des Betriebssystems aufzurufen, sondern müssen diese Aufrufe von gesicherten Funktionen des Kernels aus erfolgen, weil es sehr schnell Konflikte mit der Hardware geben kann, wenn die Prozesse direkt darauf zugreifen, z.B. wenn 2 Prozesse gleichzeitig versuchen, Daten auf die Festplatte zu schreiben:

- Prozess 1 bewegt den Festplatten-Kopf auf seine zu beschreibende Adresse
- Prozess 2 bewegt den Festplatten-Kopf auf seine Adresse
- Prozess 1 schreibt seine Daten auf die Festplatte
- Prozess 2 überschreibt die Daten von Prozess 1

Somit ist es unabdingbar, dass solche Zugriffe für wechselseitigen Ausschluss gesichert sind und über den Betriebssystemkern erfolgen.

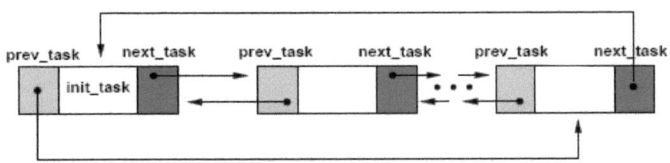

Abbildung 1.1: Prozessliste

Kapitel 2: Kernel-Architekturen

Grundlegend gibt es 3 verschiedene Kernel-Architekturen, welche im Folgenden näher erläutert werden:

→ Monolithische Kernel

→ Mikrokernel

→ Modulare monolithische Kernel

1. Monolithische Kernel:

Im Fall eines monolithischen Kernels sind sämtliche Module des Kernels kompakt zusammengefasst und laufen im Kernel-Mode (siehe Abb. 2.1). Die Unterprogramme des Kernels können sich gegenseitig direkt aufrufen. Zusätzlich gibt es definierte Schnittstellen (Traps), mit denen der Nutzer mit dem Betriebssystem interagieren kann.

Der größte Vorteil dieser Struktur ist die enge Verflechtung einzelner Teile des Kernels, sodass diese leicht untereinander kommunizieren können. Dies wird jedoch aufgewogen durch folgende Nachteile:

– der gesamte Kernel muss im Speicher liegen

– der Entwurf wird durch die enge Verflechtung oft unübersichtlich

– bei der Änderung eines kleinen Aspekts muss der komplette Kernel neu kompiliert werden

Insbesondere die Effizienz der Speichernutzung leidet stark unter einer solchen Betriebssystemarchitektur, weil der Kernel in diesem Fall sämtliche Treiber für alle möglichen Geräte impliziert, sodass ein großer Teil des Kernels niemals benutzt wird.

2. Mikrokernel:

Der Mikrokernel ist das Gegenstück zum monolithischen Kernel und birgt nur sehr wenige grundlegende Funktionen in sich. Die Speicher- und Geräteverwaltung wird in Systemprozessen realisiert, welche jedoch im User-Mode laufen (siehe Abb. 2.1). Dies bringt den Vorteil mit sich, dass es nicht notwendig ist, bei Änderungen eines Aspekts den kompletten Kernel neu zu kompilieren, jedoch sind an einer Aufgabe immer der Kernel selbst und mindestens einer der Systemprozesse beteiligt, welche kommunizieren müssen. Dies ist bei mehreren Prozessen wesentlich umständlicher und langsamer als bei einem direkten Aufruf eines Unterprogramms, wie es bei einem monolithischen Kernel der Fall ist.

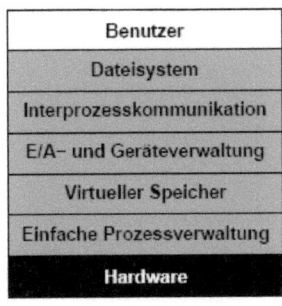 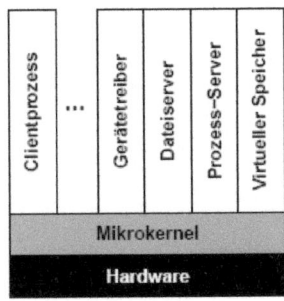

geschichteter Kernel   Mikrokernel

Abbildung 2.1: geschichteter (monolithischer) Kernel (links) und Mikrokernel (rechts)

3. Modulare monolithische Kernel:

Der Modulare monolithische Kernel wurde entwickelt, um die Vorteile beider Kernel-Varianten zu verbinden.

Das Kernstück des Kernels ist ein Mikrokernel, jedoch sind die anderen Teile des Betriebssystems in Kernel-Modulen organisiert, welche dynamisch zu dem Kernel hinzu geladen werden. Somit befinden sich nur die benötigten Teile des Kernels im Hauptspeicher, gleichzeitig laufen jedoch alle Module im Kernel-Mode und die Kommunikation gestaltet sich wie bei einem monolithischen Kernel durch direkte Aufrufe von Unterprogrammen.

Diese Modularität ist insbesondere in Anbetracht der Vielzahl an vorhandenen Gerätetreibern nützlich. Ein monolithischer Kernel müsste sämtliche Treiber, die es für Geräte gibt, in sich gebunden und immer zur Verfügung haben, während ein modularer monolithischer Kernel nur die Treiber hinzulädt, die gerade benötigt werden. Dieses Prinzip gilt für sämtliche Aspekte des Kernels, welche austauschbar sind, beispielsweise Dateisysteme.

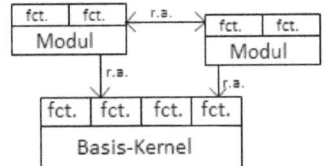

r.a. = ruft auf bzw. startet Unterprogramme

Abbildung 2.2: Modularer monolithischer Kernel

Kapitel 3: Scheduling-Modelle

3.1: FIFO-Scheduling

Das FIFO-Scheduling (First-in-First-out) stellt das einfachste Modell eines Schedulingverfahrens dar. Wie der Name sagt, wird der Prozess, welcher als erstes gestartet wird, ohne Verzögerung auf die CPU genommen und bleibt dort, bis er seine Aufgabe erfüllt hat. Weitere Prozesse ketten sich in eine Runqueue (Liste der lauffähigen Prozesse) ein und werden nacheinander abgearbeitet.

Blockiert ein Prozess während seiner Laufzeit, beispielsweise weil angeforderte Daten noch nicht zur Verfügung stehen, wird er wieder an das Ende der Runqueue angekettet und der nächste Prozess bekommt die CPU.

Der Vorteil dieser Methode ist, dass unnötige Scheduler-Aufrufe vermieden werden und somit die CPU am effizientesten genutzt wird. Dies ist allerdings nur für Systeme mit ausschließlich CPU-lastigen Prozessen sinnvoll, weil eine Interaktion mit dem Nutzer in einem solchen System kaum möglich ist.

3.2: RR-Scheduling

Das Round-Robin Scheduling erweitert das FIFO-Scheduling um die Funktionalität von Zeiteinheiten auf der CPU, sodass die Prozesse vereinfacht gesagt innerhalb einer rotierenden Bewegung abwechselnd auf der CPU arbeiten. Dieses Verfahren erfordert somit die Möglichkeit einer aktiven Verdrängung von Prozessen und ein System zur Verwaltung von blockierten Prozessen, welche im Folgenden erläutert werden.

3.2.1: Präemptives und nicht-präemptives Scheduling

Der Begriff Präemptiv kommt vom Englischen „pre-empt", „jemandem zuvorkommen, um ihn von etwas abzuhalten".

Nicht-präemptives Scheduling haben wir bereits beim FIFO-Scheduling kennen gelernt, weil dort der Prozess nur von der CPU verdrängt wird, wenn er freiwillig die CPU aufgibt oder blockiert. Präemptives Scheduling bedeutet, dass der Prozess auch aus anderen Gründen von der CPU verdrängt werden kann. Dies kann sein, weil er eine Zeitgrenze überschritten hat (siehe 3.2.2) oder von einem wichtigeren Prozess verdrängt wird (siehe 3.3).

Präemptives Scheduling wird von allen modernen Betriebssystemen mit Nutzer-Interaktion verwendet, weil man sich nicht darauf verlassen kann, dass ein Programm so konzipiert ist, dass es während der Laufzeit freiwillig die CPU aufgibt. Dies ist allerdings unabdingbar für Systeme, die mit einem Nutzer interagieren bzw. weiche Echtzeitanforderungen haben, da ein Prozess, welcher vom Benutzer eine Eingabe bekommt auch innerhalb eines geringen Zeitraumes auf diese Eingabe antworten sollte. Zudem sollte die Reaktionszeit möglichst konstant sein, weil andernfalls der Eindruck von Instabilität entsteht..

3.2.2: Timeslices

Wie bereits erwähnt ist es wichtig, dass ein Prozess nach einer gewissen Zeit von der CPU verdrängt wird, da bei besonders „gierigen" Prozessen, welche lange Rechenzeiten ohne Blockieren oder freiwilliges Aufgeben der CPU verbringen, andere Prozesse „verhungern" würden. Aus diesem Grund wurden Zeitscheiben (Timeslices) eingeführt, welche angeben, wie lange ein Prozess noch auf der CPU arbeiten darf. Jedem Prozess wird eine bestimmte Zeit zugewiesen, nach welcher er, sofern er nicht vorher von der CPU verdrängt wird, wieder am Ende der Runqueue eingekettet wird.

Zur Überprüfung dieser Zeit gibt es neben der CPU einen Zeitgeberbaustein welcher in regelmäßigen Abständen ein Signal (Tick) zur CPU sendet. Sobald eine bestimmte Anzahl Ticks ohne Prozesswechsel empfangen wurde, wird der Scheduler aufgerufen und der laufende Prozess verdrängt. Die Zeitscheibe wird je nach Art der Verwendung in Millisekunden oder Ticks angegeben.

3.2.3: Prozessdeskriptoren

Bei der parallelen Verarbeitung von mehreren Prozessen wird es notwendig, eine Datenstruktur einzuführen, welche alle notwendigen Informationen über einen Prozess beinhaltet, damit dieser, wenn er auf die CPU kommt den Zustand herstellen kann, der vor seiner Verdrängung herrschte. Diese Datenstruktur, welcher Prozessdeskriptor genannt wird, enthält folgende Elemente:

1. PID (Prozess-ID):
Jeder Prozess bekommt bei der Erzeugung eine im System einmalig vorhandene Nummer zugewiesen, über welche er identifiziert werden kann.

2. Befehlszähler:

Jedes Programm besteht aus einer Folge von Instruktionen. Der Befehlszähler beinhaltet die Adresse der Instruktion, welche als nächstes vom Prozessor verarbeitet werden soll. Dies wird benötigt, damit ein Prozess nach Wiedererlangen der CPU dort mit der Abarbeitung fortfahren kann, wo er vor seiner Verdrängung stehen geblieben ist.

3. Prozesszustand (siehe 3.2.4)

4. Zeitscheibe (siehe 3.2.2)

5. Nächster und vorheriger Prozess:

Prozesse werden in doppelt verketteten Listen verwaltet. Somit stehen in dem Prozessdeskriptoren auch Zeiger auf den nächsten und vorherigen Prozessdeskriptor.

Weitere Inhalte sind möglich, allerdings abhängig vom verwendeten Schedulingverfahren.

3.2.4: Prozesszustände und die Waitqueue

In dem hier betrachteten System gibt es 4 Grundzustände für Prozesse:

→ Laufend

→ Lauffähig

→ Blockiert

→ Beendet

Der aktuelle Prozesszustand wird im Prozessdeskriptor (siehe 3.2.3) gespeichert.

„Laufend":

Dieser Zustand wird dem Prozess zugewiesen, der gerade auf der CPU ist.

„Lauffähig":

In diesen Zustand befinden sich Prozesse, die in der Runqueue eingekettet sind und somit auf der CPU weiterarbeiten könnten.

„Beendet":

Bei Beendigung eines Prozesses wird sein Prozessdeskriptor nicht direkt gelöscht, sondern lediglich der Status, mit welchem der Prozess geendet ist, abgespeichert. Dies führt zu sogenannten „Zombie"-Prozessen, welche zwar beendet, aber nicht gelöscht sind. Der abgespeicherte „Exit-Status" enthält Informationen darüber, ob bei der Abarbeitung des Programms ein Fehler aufgetreten ist, oder das Programm ohne Konflikte beendet wurde. Der Prozessdeskriptor wird erst gelöscht, wenn ein anderer Prozess seinen Exit-Status abgefragt hat.

„Blockiert":

Ein Prozess bekommt den Zustand „Blockiert" zugewiesen, wenn er eine Datenanfrage gestellt hat, welche nicht bearbeitet werden kann, weil die Daten bisher nicht verfügbar sind. In diesem Fall wird der Prozess von der CPU genommen, jedoch nicht wieder in die Runqueue eingekettet, sondern kommt in eine sogenannte Waitqueue. Erst wenn die angeforderten Daten verfügbar sind, wird sein Status wieder auf lauffähig gesetzt und er wird wieder in die Runqueue eingekettet.

3.2.5: Ereignis-basierte Waitqueues

Im Falle einer einzigen Waitqueue werden sämtliche blockierte Prozesse in diese Waitqueue eingekettet, und somit müsste im Falle eines Ereignisses die gesamte Waitqueue nach Prozessen, welche auf dieses Ereignis gewartet haben, durchsucht werden.

Aus Gründen der Effizienz wurde somit ein weiteres Modell eingeführt. Dies stellt für jedes Ereignis eine separate Waitqueue bereit.

Somit muss beim Eintreten eines Ereignisses lediglich überprüft werden, ob das Ereignis einen exklusiven Zugriff erfordert, oder für mehrere Prozesse zugänglich ist, um einen Prozess oder sämtliche Prozesse aus der entsprechenden Waitqueue wieder lauffähig werden zu lassen.

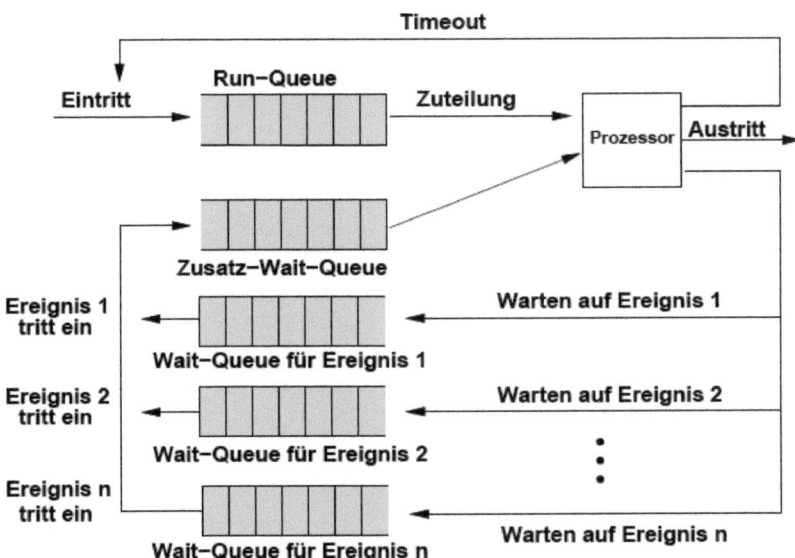

Abbildung 3.1: RR-Scheduling mit Ereignis-basierten Waitqueues

3.3: Prioritäten-basiertes Scheduling

Das Prioritäten-basierte Scheduling versucht Konflikte zwischen CPU-lastigen und IO-lastigen Prozessen zu lösen, weil CPU-lastige Prozesse fast immer ihre Zeitscheibe komplett verbrauchen, während IO-lastige (IO=Input-Output) Prozesse häufig schon nach einem Bruchteil wieder blockieren. Somit könnte es bei einem reinen RR-Schedulingverfahren zu einer verzögerten Verarbeitung von Eingaben kommen, da insbesondere IO-lastige Prozesse häufig Echtzeitanforderungen haben. Deshalb werden die Prozesse in verschiedene Prioritätsklassen eingeteilt. Innerhalb einer solchen Prioritätsklasse, bzw. Prioritätsstufe wird jedoch das Round-Robin Verfahren angewendet. Somit kommt immer der Prozess, welcher am Kopf der Runqueue der höchsten Prioritätsklasse steht auf die CPU.

Häufig wird beim Eintreten eines Ereignisses und dem folgenden Wecken eines Prozesses ebenfalls der Scheduler aufgerufen, welcher überprüft, ob der geweckte Prozess eine höhere Priorität hat, als der laufende. Falls dies zutrifft, wird der laufende Prozess verdrängt und der geweckte Prozess kommt direkt auf die CPU (Dies betrifft selbstverständlich nur präemptive Schedulingverfahren). Das Verfahren kann sowohl mit einer einzelnen Waitqueue (siehe Abbildung 3.2), als auch mit ereignis-basierten Waitqueues realisiert werden.

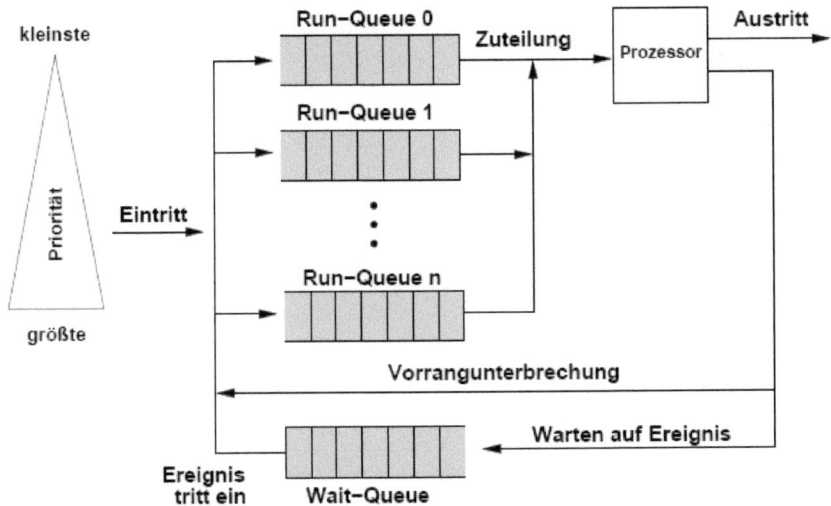

Abbildung 3.2: Prioritäten-basiertes Scheduling

Kapitel 4: Interrupts

4.1: Definition eines Interrupts

Im Zusammenhang mit Waitqueues wurden bisher lediglich Ereignisse erwähnt, welche auftreten, um einen Prozess vom blockierten in den lauffähigen Zustand zu überführen. Nicht erwähnt wurde bisher jedoch, woher diese Ereignisse stammen, und wie sie abgearbeitet werden können, obwohl doch ein Prozess auf der CPU arbeitet.

Ein Interrupt wird bei der CPU extern ausgelöst, das heißt, über eine bestimmte Datenleitung, die zum Beispiel von einem Baustein, der Tastatureingaben verarbeitet, gesteuert wird, wird ein Signal an die CPU gesendet. Wenn das Signal empfangen wird, wird der laufende Prozess von einer sogenannten Interrupt-Service-Routine (ISR) abgelöst. Diese ISR ist ein kleiner Programmteil, welcher das Signal verarbeitet. Nach Beendigung der ISR wird mit dem normalen Programmablauf fortgefahren, sofern nicht innerhalb der ISR der Scheduler aufgerufen und der laufende Prozess verdrängt wurde.

Ursachen für einen Interrupt sind üblicherweise das Vorhandensein neuer Daten, welche von einem Prozess angefordert wurden (Tastatur, Festplatte etc.), oder der Interrupt wurde von einem Zeitgeberbaustein ausgelöst, welcher für die Dekrementierung der Zeitscheibe des aktuellen Prozesses verantwortlich ist.

4.2: Präemptive und nicht-präemptive Kernel-Architekturen

Bisher kennen wir präemptives Scheduling als Verfahren, einen Prozess an einer beliebigen Stelle zu verdrängen. Präemptives Scheduling wirft allerdings wieder das in Kapitel 1 angesprochene Synchronisationsproblem auf, weil ein Interrupt auftreten könnte, während sich der Prozess im Kernel-Mode befindet. Falls er dann verdrängt wird, und der Prozess, der als nächstes auf die CPU kommt ebenfalls per Systemruf in den Kernel-Mode wechselt, und auf die gleiche Ressource zugreift, gibt es ein Problem, wenn der vorherige Prozess wieder auf die CPU kommt, da benötigte Daten möglicherweise nicht mehr vorhanden sind, oder er in einem Schreibverfahren die Daten vom zweiten Prozess überschreiben würde.

Zwar ist es möglich, Ressourcen durch komplexe Synchronisationsmechanismen zu schützen und somit auch einen präemptiven Kernel ohne Ressourcenkonflikte zu realisieren, jedoch besteht auch die Möglichkeit eines nicht-präemptiven Kernels innerhalb eines präemptiven Systems.

Wenn ein nicht-präemptiver Kernel vorliegt, kann ein Prozess, während er sich im Kernel-Mode befindet, nicht von der CPU z.B. durch eine ISR verdrängt werden.

Stattdessen gibt es innerhalb des Systemrufs sogenannte preemption-points (mindestens einen beim Wechsel zurück in den User-Mode), an denen es möglich wäre, den Prozess zu wechseln. Die ISR setzt beim Eintreten eines Interrupts eine Variable „need_resched" auf 1, welche an den preemption-points überprüft wird. Falls sie gesetzt ist, wird der Scheduler aufgerufen, ansonsten das Programm fortgesetzt.

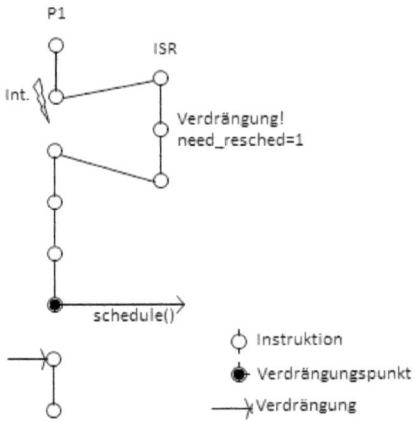

Abbildung 4.1: Preemption-points bei nicht-präemptivem Kernel.

P1 : Prozess   ISR : Interrupt Service Routine

Kapitel 5: Scheduling in Linux

5.1: Einführung in das Schedulingverfahren des Linux-Kernels

Folgende bereits erwähnte Eigenschaften weißt der Linux-Kernel auf:

- präemptives Scheduling
- seit Kernel-Version 2.4 ein präemptiver Kernel
- prioritäten-basiertes Scheduling
- ereignis-basierte Waitqueues

Zudem wird das bereits erläuterte prioritäten-basierte Schedulingverfahren unter Linux durch die Unterscheidung zwischen mehreren Prozessarten erweitert: Echtzeitprozesse, welche nur vom System erzeugt werden können und „normale" Prozesse, welche sowohl System- als auch Benutzerprozesse sein können.

Ausserdem wird während eines Prozesswechsels jedem Prozess eine „goodness" zugewiesen, welche mitbestimmt, welcher Prozess auf die CPU kommen kann.

Grundlegend gibt es in Linux 140 Prioritätsklassen, 0(höchste) bis 139(niedrigste).

Die Zuordnung in diese Klassen erfolgt für die Prozessarten unterschiedlich, somit ist es wichtig, zwischen den Prioritäten und der Prioritätsklasse eines Prozesses zu unterscheiden.

5.2: Epochen-Modell

Bevor wir uns jedoch eingehender mit den Prioritätsklassen und der Berechnung der zugewiesenen Timeslices auseinandersetzen, stellt sich die Frage, wann überhaupt eine Zeitscheibe zugewiesen wird. Diese Frage wurde in Linux mithilfe eines Epochen-Modells realisiert.

Dieses Modell unterteilt die CPU-Zeit in Epochen, wobei am Anfang jeder Epoche das Zeitquantum jedes Prozesses für die folgende Epoche festgelegt wird. Dieses Zeitquantum bestimmt die maximale CPU-Zeit, die der Prozess in dieser Epoche erhalten kann. Wie bereits erläutert, wird ein Prozess, sobald seine Zeitscheibe abgelaufen bzw. das Zeitquantum erschöpft ist, verdrängt.

Falls der Prozess jedoch zwischenzeitlich blockiert oder von einem höher priorisierten Prozess, welcher lauffähig wird, verdrängt wird, kann er noch innerhalb der Epoche wieder auf die CPU gelangen und seine verbleibende Zeit abarbeiten. Dies gilt selbstverständlich nur, sofern die Bedingung zur Beendigung einer Epoche vorher nicht erfüllt ist.

Beendet wird eine Epoche, wenn alle Prozesse entweder ihr Quantum erschöpft haben, oder blockiert sind. Insbesondere der letzte Teil der Bedingung ist wichtig, um ein Einfrieren des Systems zu verhindern, falls ein Prozess auf Daten von einem anderen Prozess wartet, welcher schon sein Quantum erschöpft hat, weil der wartende Prozess sein Quantum nicht abarbeiten kann ohne die Daten, um eine neue Epoche zu beginnen, der andere Prozess jedoch die Daten nicht liefern kann, bevor eine neue Epoche begonnen, und er somit ein neues Zeitquantum zugewiesen bekommen hat.

5.3: Echtzeitprozesse

Echtzeitprozesse sind die bevorzugten Prozesse in Linux. Dies sind Systemprozesse wie z.b. der Prozess „[migration/0]", welcher in Mehrprozessorsystemen dafür zuständig ist, Prozesse zwischen den CPUs zu verschieben. Die Prioritätsklasse eines Echtzeitprozesses wird lediglich von der statischen Priorität bestimmt, welche zwischen 0(niedrigste) und 99(höchste) liegt. Die Berechnung der Prioritätsklasse geht dabei wie folgt:

P: Prioritätsklasse; Pt: statische Priorität

$P = 99 - Pt$

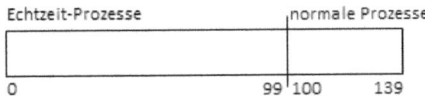

Abbildung 5.1: Einteilung der Prioritätsklassen

5.3.1: Schedulingverfahren von Echtzeitprozessen

Die Einführung von Echtzeitprozessen implizierte ebenfalls eine Sonderstellung dieser Prozesse beim Schedulingverfahren. Diese können wie normale Prozesse dem Round-Robin-Scheduling innerhalb ihrer Prioritätsklasse folgen, oder alternativ das FIFO-Scheduling wählen.

Dies gewährleistet, dass wichtige Systemprozesse auch innerhalb dieses rein präemptiven Systems nicht verdrängt werden, und sichert gleichzeitig ab, dass normale-Prozesse nicht „verhungern", da die Privilegierung dieses Schedulingverfahrens dafür Sorge trägt, dass auch nur Prozesse, welche zu dem Betriebssystem gehören, und somit nicht dauerhaft das System blockieren werden, diesen Status erhalten.

Schließlich wäre es widersprüchlich zum eigentlichen Konzept, Systemprozesse zu schreiben, welche die CPU über einen längeren Zeitraum hinweg für andere Prozesse blockieren.

Aufgrund der statischen Priorität haben diese Prozesse, sofern sie das RR-Schedulingverfahren gewählt haben, eine feste Zeitscheibe, die sich während der Laufzeit nicht ändert:

P: Prioritätsklasse; c: Counter/Zeitscheibe in ms; min: minimale Zeitscheibe in ms;

max: maximale Zeitscheibe in ms;

prio: effektive Priorität;

$prio = 99 - P$

$c = min + (max - min) * prio/139$

5.4: Normale Prozesse

Normale Prozesse belegen die Prioritätsklassen 100(höchste) bis 139(niedrigste).

Normale Prozesse haben eine statische Priorität von 0. Ihre Einteilung in eine Prioritätsklasse hängt lediglich von der dynamischen Priorität ab, welche sich aus dem Nice-Level eines Prozesses und einem vom Betriebssystem zugewiesenen Bonus ergibt.

5.4.1: Nice-Level

Das Nice-Level ist einer der beiden Faktoren, welche die dynamische Priorität eines Prozesses beeinflussen. Es belegt einen Wertebereich von -20 bis 19, wobei -20 für besonders gierige Prozesse steht, folglich zu einer höheren Priorität führt und 19 für besonders großzügige Prozesse, was zu einer niedrigeren Priorität führt. Der Basis-Wert eines Prozesses ist 0. Nur Systemprozesse können einen niedrigeren Nice-Level als 0 erlangen, erhöhen kann den Nice-Wert jeder Prozess.

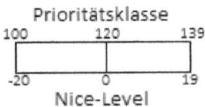

Abbildung 5.2: Beeinflussung der Prioritätsklasse durch das Nice-Level
unter Ausschluss des IO-Bonus

5.4.2: IO-Bonus

Der zweite Faktor zur Berechnung der dynamischen Priorität ist ein Bonus/Malus im Bereich von -5 bis 5, welcher zur Laufzeit aktualisiert wird. Dieser IO-Bonus wird anhand der durchschnittlichen Zeit, in der ein Prozess blockiert ist, berechnet und bevorzugt somit IO-lastige Prozesse, welche in eine höhere Prioritätsklasse gelangen, wohingegen CPU-lastige Prozesse, welche nur selten blockiert sind, eine niedrigere Priorität zugewiesen bekommen.

Dieser Bonus ergibt sich wie folgt:

b: aktueller Bonus

t: durchschnittlich blockierte Zeit in ms

m: maximaler Bonus

$deft$: standart-Timeslice (100ms)

$maxs$: maximale Zeit, die ein Prozess blockiert sein könnte

pbr: Prioritäts-Bonus-Rate (in Linux auf 25 festgeschrieben)

mup: Maximale User-Priorität (40)

$$m = \frac{(mup * pbr)}{100} = \frac{(40 * 25)}{100} = 10$$

Dieser Wert widerspricht oberflächlich gesehen dem genannten Wertebereich von -5 bis 5, jedoch wird beim Berechnen der Priorität 5 addiert, und anschließend der Bonus subtrahiert, sodass die Priorität effektiv um maximal 5 erhöht oder verringert wird.

$$maxs = deft * m = 1000$$

$$b = \frac{t * m}{maxs}$$

$$\rightarrow b(t) = 0{,}01\, t$$

5.4.3: Berechnung der Prioritätsklasse

Die dynamische Priorität ergibt sich wie bereits erläutert aus dem Nice-Level eines Prozesses und einem IO-Bonus. Der Bereich reicht von 0 bis 39 und berechnet sich wie folgt:

dyn: dynamische Priorität
$nice$: Nice-Level des Prozesses
$bonus$: IO-Bonus des Prozesses

$$dyn = 20 + nice - (bonus - \frac{mbonus}{2}) = 20 + nice - bonus + 5 = 25 + nice - bonus$$

Wie hier zu sehen ist, könnte der berechnete Wert von dyn bei einem hohen Nice-Level (z.b. 19) und einem geringen Bonus (z.b. 0) größer als 39 werden (25 + 19 – 0 = 44). Bei einem sehr niedrigen Nice-Level und geringem Bonus hingegen könnte der Wert von dyn negativ werden (25 + (-20) – 10 = -5). In diesen Fällen wird der Wert von dyn jedoch auf den maximalen Wert (39) oder den minimalen Wert (0) geändert.

Anschließend ergibt sich die Prioritätsklasse folgendermaßen:

P: Prioritätsklasse
dyn: dynamische Priorität

$$P = 100 + dyn$$

5.4.4: Berechnung der Timeslices

Nachdem wir die Berechnung der Prioritätsklasse abgeschlossen haben, können wir auf dieser Basis auch die zugewiesene Zeitscheibe für den Prozess berechnen. Es wird unterschieden zwischen Prozessen, welche ein Nice-Level kleiner als 0 haben, und Prozessen, deren Nice-Level größer oder gleich 0 ist.

Die verwendete Formel ist jedoch in beiden Fällen die gleiche. Lediglich der Wert einer Variablen unterscheidet die Berechnung.

T : Timeslice in ms

P: Prioritätsklasse

x: default-Timeslice (für Nice-Level kleiner als 0 entspricht x dem vierfachen der bereits verwendeten default-Timeslice (4 * 100ms), ansonsten entspricht x der default-Timeslice)

mp: Maximale Priorität (140)

mup: Maximale User-Priorität (40)

$$T = \frac{x * (mp - P) * 2}{mup}$$

5.5: *Goodness*

Zusammenfassend wird der Scheduler in folgenden Situationen aufgerufen:

- Ein Prozess blockiert, weil eine Ressource nicht verfügbar ist
- Ein Prozess hat sein Zeitquantum erschöpft
- Ein Ereignis tritt ein, welches zum Wecken eines Prozesses führt, welcher eine höhere Priorität als der momentan laufende hat
- Ein Prozess verändert seine Priorität bzw. seine Scheduling-Strategie, oder er gibt freiwillig den Prozessor auf (dies führt nicht zu einem Blockieren → der Prozess bleibt lauffähig)

Bei jedem dieser Aufrufe durchläuft der Scheduler die lauffähigen Prozesse und weist jedem dieser Prozesse eine *goodness* zu. Anschließend erhält der Prozess mit dem höchsten Wert die CPU. Die *goodness* wird wie folgt bestimmt:

- Der Prozess hat freiwillig die CPU aufgegeben und war der zuletzt ausgewählte Prozess:

  goodness = -1

  Dieser Prozess wird nur ausgewählt, falls kein anderer Prozess lauffähig ist.

- Der Prozess wurde verdrängt, weil seine Zeitscheibe abgelaufen ist:

  goodness = 0

  Falls sämtliche lauffähigen Prozesse diesen Wert erhalten beginnt eine neue Epoche, und dieser Prozess könnte wieder auf die CPU gelangen (siehe 5.2).

- Ein Prozess mit einer statischen Priorität von 0 hat sein Zeitquantum noch nicht erschöpft:

  goodness = counter + dyn

  Bei diesen Prozessen ist somit die dynamische Priorität ausschlaggebend, der Prozess mit der höheren dynamischen Priorität erhält den Vorzug.

- Der Prozess hat eine statische Priorität (*rt_priority*) größer 0:

  goodness = rt_priority + 1000

In jedem Falle ist gegeben: Falls die *goodness* mehrerer Prozesse übereinstimmt, wird derjenige bevorzugt, welcher weiter vorne in der Runqueue eingekettet ist.

Fazit

Abschließend lässt sich festhalten, dass folgende Punkte zur Bewertung des Schedulingverfahrens in Linux erfüllt worden sind:

- unterstützt die parallele Abarbeitung mehrerer Prozesse
- wichtige Systemprozesse haben immer Vorrang
- Prozesse, die lange nicht auf der CPU waren dürfen dort länger bleiben
- IO-lastige Prozesse haben Vorrang vor CPU-lastigen Prozessen
- ein IO-lastiger Prozess reagiert innerhalb eines kurzen Zeitabschnitts auf Nutzer-Eingaben durch Verdrängung des laufenden Prozesses
  → erfüllt weiche Echtzeitanforderungen

Für Systeme, bei denen die Einhaltung von bestimmten Deadlines für Antworten wichtig ist, ist dieses Verfahren jedoch nicht tauglich, weil die Reaktionszeiten schwanken können. Für den privaten Gebrauch ist dies jedoch hinlänglich, weil ein schwanken immer relativ gesehen werden muss, und ein normaler Benutzer bei Schwankungen von 1ms und ähnlichen Zeiten nicht gestört in seiner Arbeit ist. Harte Echtzeitanforderungen sind lediglich in der Robotertechnik und für Maschinenregler notwendig.

Bildverzeichnis

Abbildung 1.1:

Daniel Bovet und M. Cesati 2003: Understanding the Linux Kernel, 2. Auflage

Abb. 3.3

Abbildung 2.1:

William Stallings 2003: Betriebssysteme, Prinzipien und Umsetzung, München, 4.Auflage

Abb. 4.10

Abbildung 3.1:

William Stallings 2003: Betriebssysteme, Prinzipien und Umsetzung, München, 4.Auflage

Abb. 9.7

Abbildung 3.2:

William Stallings 2003: Betriebssysteme, Prinzipien und Umsetzung, München, 4.Auflage

Abb. 9.4

Literaturverzeichnis

William Stallings 2003: Betriebssysteme, Prinzipien und Umsetzung, München, 4.Auflage

Daniel Bovet und M. Cesati 2003: Understanding the Linux Kernel, 2. Edition

Andrew S. Tanenbaum 2009: Moderne Betriebssysteme, 3. Auflage

[1] Jan Prieser: Scheduling – Linux 2.6
http://www.fh-wedel.de/~si/seminare/ws05/Ausarbeitung/1.scheduler/kernel4.htm
Erscheinungsdatum nicht bekannt.

[2] Boris Schnebel: 3.1 Linux Internals - Der Prozessdeskriptor
http://i30www.ira.uka.de/teaching/coursedocuments/88/3.1_Schnebel_Prozessdeskriptor.pdf
Erscheinungsdatum nicht bekannt.

[3] o.A.: <sched.h>
http://www.opengroup.org/onlinepubs/007908799/xsh/sched.h.html
Erscheinungsdatum nicht bekannt.

[4] Reinhard Bündgen: Taskablaufplanung in Linux
http://www-sr.informatik.uni-tuebingen.de/~buendgen/folien/ws0607/scheduling.pdf
Erscheinungsdatum nicht bekannt.

[5] o.A.: Lab 5: The Scheduler
http://www.cs.ucr.edu/~lgao/cs153/lab5.html
Erscheinungsdatum nicht bekannt.

[6] o.A.: LXR linux/kernel/sched.c
http://lxr.linux.no/#linux+v2.6.18/kernel/sched.c
Erscheinungsdatum nicht bekannt.

[7] o.A.: LXR linux/include/linux/sched.h
http://lxr.linux.no/#linux+v2.6.18/include/linux/sched.h
Erscheinungsdatum nicht bekannt.